길

숨-시
003

길

이 영 환

차례

시인의 말 ‥ 12

1장. 사랑 — 참사랑은 영원히

물안개 길 ‥ 16
풍경을 보다가 ‥ 17
천리 먼 길 ‥ 19
첫눈 오는 날 ‥ 21
바람에 실어 보내는 ‥ 22
바람에 실어 보내는 2 ‥ 23
눈 내리는 밤의 추억 ‥ 24
사랑하는 이와 걷는 산책길 ‥ 25
길 마중 ‥ 26
한 길 마음속 ‥ 27
곁 골목길 ‥ 28
빗길 ‥ 29
지나온 길을 뒤돌아보다 ‥ 30
너와 나의 길 ‥ 31

길 걸으며 그대 생각 ·· 32
한강 가는 길 ·· 33
오케스트라 ·· 34
산책길 ·· 35
집으로 가는 길 ·· 36
나 그대 가슴에 스르르 녹아드는 ·· 37
유채꽃 길 걸으며 ·· 38
불길 ·· 39
시방 봄비 오는 길 ·· 40
꿈길 ·· 41
시린 겨울 길 위의 기억 ·· 42
시골길 ·· 43
그대 내 따스한 꿈 ·· 44
꽃길 걸으며 ·· 45
빗길 2 ·· 46

2장. 어린시절, 우정 ― 동심·우정은 삶의 항로

가던 길 멈추고 ·· 50
골목길 ·· 51
기차 여행 길 ·· 52
오솔길 거닐다 ·· 53

도시 까치 길 ‥54
농촌 큰길 ‥55
우리 동네 ‥57
아스라이 멀어져 간 골목길 ‥59
그 길 ‥60
길(吉) 동무 ‥61
모퉁이 길 ‥62
우정(友情) ‥63
동행길(吉) ‥64

3장. 사색 — 명상은 마음의 숲길

비구름 길 ‥68
자전거 미학 ‥69
꽉 막힌 길 ‥70
일출 보러 가는 길 ‥71
동치미 ‥73
옹달샘 물길 ‥74
쌍무지개 뜨는 길 ‥75
선착장 오가는 길 ‥76
봄 꽃 길에서 ‥78
가던 길 멈춤 ‥79

오던 인생길 ‥80
일장춘몽 ‥81
오솔길 3 ‥82
꿈길 ‥83
잠 ‥84
여행길 ‥85
숨길 ‥86
산책로 ‥87
해와 달과 걷는 길 ‥88
새 아침 길 ‥89
작은 시인의 옹달샘 ‥90
어린 손주에게 ‥91
정든 직장 뒤로하니 ‥92
산길 ‥93
은퇴 ‥94
일터 그리움의 길 ‥96
무지개 길 ‥98
행복한 바보 ‥99
자전거 길마다 ‥100
끝이 있는 길 ‥101

4장. 영성 — 겸허 · 선행은 아름다운 길

구원 길 ‥104

기도의 자리 ‥105

이스라엘 광야의 길 ‥106

왔다가 홀로 가는 길 ‥107

감사 ‥108

무한 감사 길 ‥110

바람의 기도 ‥112

홀로 걷는 길 ‥113

평탄한 길 ‥114

존중의 길 ‥115

속죄의 길 ‥116

거듭나는 길 ‥117

길 ∞ ‥118

작은 채움의 길 ‥119

가야 할 길 ‥120

가지마 낭떠러지 ‥121

호수 공원길에서 ⇒ ‥122

아쉬운 인생길 ‥124

뒤바뀐 속담길 ‥125

나의 길 ‥126

갈래길 ‥127

내가 가고 있는 길 ·· 128
잊혀지지 않는 길 ·· 129
까막눈 길 ·· 130
회상의 길 몇 리일까 ·· 131
치유의 길 ·· 132
내 안의 길 ·· 133
보은의 길 ·· 134
정겨운 길 ·· 136
기차길 ·· 138
먼 훗날 ·· 140
꽃 수목들의 부러움 ·· 141
숫자 · 기호의 길 ·· 142
귀한 인연의 길 (「숫자 · 기호의 길」화답) ·· 143
치매 극복되길(吉) ·· 144
푸름이 길 ·· 145
까치들 항의 ·· 146
바람맞은 날 ·· 147
22구공 연탄 ·· 149
비눗방울 ·· 150
색소폰 연주의 길 ·· 151

5장. 가족 — 은하계 안 작은 가족의 길

가족의 길 ‥156

다섯 마리 학 ‥158

피는 눈물보다 진하다지만 ‥159

효(孝)의 길 ‥160

어머니의 길 ‥162

고갯길 어머니 ‥163

어머니 ‥165

가족 여행 ‥166

가족 한 길 ‥167

부(父)의 길 ‥169

화평한 집 그리다 ‥170

고향 즐거이 살다 가오 ‥172

추천의 글 – 윤보영 ‥174

길(道) 위에서
길(吉)하기를 빌며

시인의 말

   반갑습니다. 이 시집을 펼쳐 주시어 우선 깊은 감사드립니다.
   우리는 길에서 태어나 길을 걷다가 저 먼 길 끝으로 떠나갑니다.

   저의 시 모음은
"우리가 걸어가야 할 길(道) 위에서
 모두가 길(吉)하기를"
바라는 마음을 서정시로 소복이 담았습니다.

   시를 엮고 보니 제가 평소 주의 깊게 생각하고 관심을 갖는 다섯 가지 주제가 선명히 드러나는 것 같습니다.
   오랜 세월 시인이 되고 싶어 했던 이의 부끄럽지만 용기를 낸 습작에 따뜻한 응원을 보내주시기를 바라는 마음입니다.

묵묵히 청아한 언어의 길을 놓는 시인의 길을 가고 싶습니다.

— 2020. 12 저물어가는 달
세상 모두가 행복한 길(吉), 희구하다

1장. 사랑

참사랑은 영원히

물안개 길

―

잔잔한 수평선
스멀스멀
그리움으로 피어오른다.

수평선 닿은
내 사랑은
아지랑이 물안개로

태고 정적 닮은
대지를 적신다.

우리 사랑은 물안개 길
돌아가는 한 줄기
강물 뱃길 따라
보고 싶다.

풍경을 보다가

―――

버스에
몸을 맡기기도 하고
때로 전철 창밖 바라봐요.

같은 길이지만
풍경은 늘 다릅니다.

만나는 사람도 다르고
건물이며 새들도
오늘의 날씨도
매일 달라집니다.

그렇지만
내 생각 속 그대는
늘 같습니다.

날 지탱하는 힘

내 안에서
늘 응원해 주는 그대!

천리 먼 길

―

그대는
그리움입니다.

잔잔한 호수
흐르는 물 위
한 쌍 원앙오리
나란히 헤엄치는 모습
참 부럽다.

동물도 저리
쉽게 다정한데
우리는
떨어져 있음에
휑한 바람만

"바보 같다"

소리 내며
지나치는
그리움

첫눈 오는 날

―――

이 해
첫눈 맞이
설레는 가슴
눈이 내리면
하얘지는 마음 밭
그대와 첫눈 내리던 날
만나자 약속했지만
시공 너무 멀리 있어
만나지 못해도
투명한 사랑
눈사태 되어
이 내 가슴 좁은 협곡에
철렁 내려와
앉은 날!

바람에 실어 보내는

―――

그대여!
바람 가는 길에 실어 보내는
제 마음 맞아주세요.

바람 소리 들리면
그리움 함께
실어 보낸 줄 알길

그대여!
홀연히 떠난길
오늘도 걸으며
따라가다 보면

언젠가
조우하겠지

바람에 그리움 실어 보낸
그 길 끝에서

바람에 실어 보내는 2

바람 불어
그리움
낙엽처럼 날리고

그대 오는 소리
바람 소리에 묻힌다.

종일
그대 생각

오늘도
애틋한 마음
바람이 실어 간다.

눈 내리는 밤의 추억

어둠을 헤집고
추억을 들춰 본다.

해맑게 웃던
그대 눈망울과
얼굴 가득
하얗게 핀 꽃들

찬찬히
들여다보는 긴 밤

별빛이
숨죽여 지켜본다.

밤새
그리움
눈으로 내렸다.

사랑하는 이와 걷는 산책길

———

동트는 새날
또 매일 다른 장관 연출하는
노을 아래

서로 사랑하는 이와
함께 걷는 산책길

우리는
이 우주에서
가장 아름다운
살아 있는 그림을!

그리는 중.

길 마중

―――

올 사람
그리워
몇 번이고
문밖으로
나가 본다.

언제
오시려나
이 마음 타들어 가고

지쳐가는 마음
모르는지

멀게만 보이는
길은 텅 비었네.

한 길 마음속

―――

"인생은
배움의 연속이야"

반세기를 살아도
배움은 끝이 없다.

"천길 물속은
알아도
한 길 마음속은
모르지"

사랑은
복습까지 한다.

곁 골목길

―――

원래 길로부터
갈라진 작은 골목길

왠지 막냇동생 같은
네가 애교부리며
어서 걸어오라고
한쪽 눈 찡긋!

걸음걸음 행복
실감 나도록
순진한 곁 골목길

미소 지으며
또
안기는
네 가슴

빗길

빗길 사이를
걸었지

구름 너머

우산 같이 쓰고
같이 걷던 그 거리

보고 싶어
너무 보고 싶어
가슴 부여잡는다.

지나온 길을 뒤돌아보다

———

무작정 길을 나섰습니다.

계속 길을 걷다가
문득 지나온 길

너무 그리워
뒤돌아보았지만
처음 그 길
볼 수 없어요.

그대 떠나간 자리
구름과 바람도
눈물로
담겼으니까!

너와 나의 길

―――

길고도 먼 길
돌고 돌아
지구 한 귀퉁이에서
그대를 만났네.

가슴과 가슴 사이
멀지도 않을 길

숨 가쁘게
멀리 또 멀리
돌고 돈다……

무지개처럼
둥그렇게 만날 우리……

길 걸으며 그대 생각

매일 걷는 길
소담스런 길
예견된 길일까
우연히 만들어진 길일까

그대와 만남도
우연일까
예견된 만남일까

길을 걷는다
그대 생각하며 걷는다.
예견된 만남을
우연으로 만들어!

한강 가는 길

———

한강으로 가는 길
수많은 길 중
그대 그리워
늘 가던 길로 갔습니다.

강물은 그리움을 담고
정처 없이 흐르는데
그대 생각은
제 가슴에 담깁니다.

모여모여
강을 만듭니다.
한강이 됩니다.

오케스트라

―――

그대 생각
한 아름 안고
강가에 앉았습니다……

은빛 햇살이
강물 위에
연주하고 있다.

하얀 이 드러내고
그대는 노래하고

찬란한 음률
창공에 퍼지는데

그대 미소만
내 곁에 앉는다.

산책길

이른 아침
그대 생각에
잠 깼어요.

게으름을 싫어하던 그대가
나를 일으켜 세웠지요!

그리움 속
어서 보러 오라고
안개를 지우고
정든 산책길 나서게 하네요.

집으로 가는 길

살기 위해 돈 벌고
벌기 위해 일하고

반복되는 일상 속에
묻혀 살다
지친 몸이지만

그대 생각으로
행복 묻어나는 건
기다리는 공간이 있기 때문

나 지금
집으로 가는 길!

나 그대 가슴에 스르르 녹아드는

―――

늦겨울 옅은 바람에
백설이
지상으로 내려옵니다.

어떤 눈은
바람에게 부탁합니다.
"더 세게 불어줘~"

나 그리움에
스르르 녹아들게
……

유채꽃 길 걸으며

네가 온 세상
노랗게 물들이면
나와 그대 마음
사랑으로 물들 거야

짙은 봄길
노오란 웃음꽃
화평한 세상 열어 주는
찬연한 봄!

밝은 미소
내 가슴에 가득 그린
노란 수채화 길!

불길

―――

장작불 허공에 솟는 불길
바라보다가

삭막한 가슴
불길 지피는 건

내 그리움
태워
태워
흠결 없는
다정한 미소를 담기 위해!

시방 봄비 오는 길

골목길 돌아
봄 손님 몰고
비가 단정하게 옵니다.

겨우내 얼었던
연약한 몸과 마음
추스르고

만물 소생에
함께 하자고

시방, 이 길 저 길
저 멀지 않은 곳으로부터
그대 눈빛 실어 나른다.

꿈길

───

그대를
가슴에 품으면

꿈결에 만날까
했는데

가을 산 아래 나뭇가지에
열매가 익는다.

너무 신기해
뒤척이다 잠이 깼다!

꿈길 밖
나 홀로 봉우리 아래
작은 존재
허전하다.

시린 겨울 길 위의 기억

그토록 기다렸던 그대
동구 밖에 왔다는 문자 받고
양말도 신지 않고 뛰어나갔었지

아무리 찾아도
보이지 않던 그대
바람 따라가 버렸나
사무치는 그리움
되돌아올 적
언 발 더 시리다!

이 길 따라가면
고향처럼 다정한 그대와
만날 것 같아
가슴으로 돌려놓고
미소 짓고
또다시 걷고 있다.

시골길

―――

온갖 흙먼지 날리는
길을 걷습니다.

그대
보이지 않더군요.

깨끗한 산
푸른 숲 사이로 곧게 난

시골길 걸으면

저와 생활하는
그대 웃으며
달려올 것만 같아!

그냥
그렇게
웃음만 짓네요.

그대 내 따스한 꿈

그대가 보고 싶어
일 할 수도 없고
밤에는 뒤척뒤척

그대가
너무 그리워
그대 있는 하늘
가슴에서 꺼내
애절한 마음 달랬다.

그대 머무는 땅
그 땅 위 하늘

모두가
그대 생각으로 덮인
따스한 꿈!

꽃길 걸으며

―――

세상이 아름다운 건
꽃길을 걸을 수 있어서지

삶이 행복한 건
그대가 내 가슴에
있기 때문이고

하지만
내가 정말 행복한 건
눈을 감고

내 안에 그대를 불러내
꽃길을
걷고 있기 때문이지.

빗길 2

―――

시야 가려진
빗길 사이로 걸었지

회색빛 천지
구름 너머
하늘빛 미소
우산 같이 쓰고
걷던
그 거리

빗줄기와 함께
한없는 눈물 쏟던
그때 그 길!

마냥
그리운 가슴
부여잡는다.

여전히
가슴엔 비가 내린다.

2장. 어린시절, 우정

동심 · 우정은 삶의 항로

가던 길 멈추고

―――

길가다

재활용품 실은
리어카 힘겹게
끄는 분 만나면
밀어드려요

리어카를 민다
내가
나를 민다.

골목길

신작로 따라 걷다
돌아서면 보이던
너

반가워
그 옛날 동무들!

어깨동무하며
콧노래 부르던
정다운 길

애타는
그리움
아지랑이 되어
송송
가슴에서
피어오른다.

기차 여행 길

기억 속
출출한 기차 여행 길
계란으로
허기 달래던

삶은 달걀
서로 나누며
서로 얼굴에
웃음 채워지는 길

기차 여행길
가슴에 레일을 깔고
생각 속으로 달리는 길

오솔길 거닐다

오솔길 홀로 거닐면
솔깃한 천상 소리

고향 생각 폴폴

향긋한 내음
가슴 가득 차오른다.

아
내 마음
나를 한없이
위로해주던
바로 그

솔 향기 가득한
그 길 마냥 그립다!

도시 까치 길

농어촌 까치들
아무 곳으로 날아도
길이 참 많다.

도시로 날아든 까치
빌딩 사이
달리는 차와
배기가스

사람도 힘든 데
어떻게 사나

이제는
길들여진 새들도
다른 지구별이
그리울지 몰라

농촌 큰길

農者之天下大本也라
소달구지
딸랑딸랑
종일 밭 갈고
채소밭 준비하고
땔감 나무 안고 돌아오는
농부와 아내
몸은 지치고 힘들지만
웃으며 집으로 간다.
서둘러 저녁 준비하고
평상 앞에 앉아

보리밥 열무김치
참나물에 고추, 된장
막걸리 한 사발 함께 하면
웃음소리 동구 밖
끊이지 않는다.

건너 산도
함께 웃던
농촌 마을
큰길까지 들렸을
코 고는 소리들!

우리 동네

동구 밖
장터서
서커스 구경하고
돌아오는 달밤

동네 아이들
오손도손
어깨동무하고
도란도란
얘기 나누며
발걸음 수놓는
우리 동네 길!

참 정다웠던
그 시절
찾아가는
그리움 속으로

아!
그 시절

아스라이 멀어져 간 골목길

―――

골목
형과 동생
목마 타기 경주

이미 커버린 동생 내리다
이마 땅에 찍어
피흘리며 집에 돌아왔었지

놀란 어머니 뛰어나와
된장 발라 주시던
그 시절 그 골목길
지금 흔적 없이 사라졌다.

아련한 가슴
그 길
기억에서 찾는다.

그 길

―

어릴 적
엄마 손 잡고 걷던
골목길

반세기 전
고사리손 다시 잡고
재래시장 갔던
참으로 정다웠던 손
아련하다.

그 길
몇 번이고
되뇌어 걸었다.

길(吉) 동무

―――

친구들 삼삼오오
웃고 떠들고
마냥 즐겁게
서로 위해 주는 길
가슴에 난 길
세상이 포근해지는
친구들과
서로를 가슴에 담고
같이 가고 있는 길!

모퉁이 길

긴 모퉁이
돌아서면
기다렸다 반기는 집
환한 미소

오래된 한옥
추억 속 풍경이
마중 나와 기다리는

정겨운
모퉁이 길

우정(友情)

―――

사람이 가고 오지 않는 산은
나무가 무성해지고
보이지 않는 길도
잡초에 묻힌다지.

참 친구여!

우리 생전에
기억도 묻히기 전에
자주 오가며
얘기 나누고
음악 듣고
차를 마시며

거친 인생길
웃으며 나가자!

동행길(吉)

꿈 많던 고교 시절
여러 학급들
그 중

같은 반 딱 한번
옆 짝꿍 아니었지

이십여 년 전
타지(他地)에서 만나
운동으로
돈독해진 우정

서로 아끼며
진정으로 위하는
참 벗!

만나면 즐거워

소소한 일상
지난 얘기
채워주는 동행

친구 있어
회색빛 현세(現世)
행복한 여정

3장. 사색

명상은 마음의 숲길

비구름 길

―――

비구름
어두운 오후

아
깊은 시름
비 맞으며
뉘우친다.

근심은 그렇게
비구름 길로
모여드네

나도
잠시
비가 된다.

자전거 미학

평지 달리면
평화 밀려오지

인내 시험하는
오르막길은
숨이 차오르는 미학

고통스런 많은 시간
이겨내다 보면

가슴 가득 차오르는
삶의 희열

편안한 잠까지
선물로 주는
자전거
그리고 길

꽉 막힌 길

―――

물 흐르듯
길 가다
보이는 장애물이야
치우고 갈 수 있지만

길이 없는 들판이며
저잣거리는
위로도
나아 갈 수 있지만

바위로 막힌 길
어떻게 뚫을 수
있을까?

마음이 막히면
길이 보이지 않는다.
마음부터 연다.

일출 보러 가는 길

―――

이른 새벽
몸을 곧추세워
동쪽으로 향한다.

시선이 멈춘 곳에
끝없는 자유
숨 쉬는 수평선

완만한 곡선
그 너머
산등성 위
거대한 희망 오른다.

한 번도
똑같은 적 없는
기적의 장관(壯觀)들

삶의 열정
뜨겁게 혈관 안팎
타고 올라라!

동치미

―――

묵은 맛

언 손 불며

장독대에서

길어 올리던 어머니 잔주름에

함박웃음 퍼졌다!

오늘따라

감칠맛!

옹달샘 물길

산 중턱
계곡 따라
흐르는
옹달샘 물길처럼

자연에서
떠나기 싫어라!

맑은 물로
산짐승
목 축여주는
네 갸륵한
채움

날
채움!

쌍무지개 뜨는 길

후덥지근한 여름날
심신 달래려
들판으로 나갔다.

산뜻한 바람
헤치며
마냥 걷고 또 걸었다.

마른하늘 소나기
시원하게 맞으며
무작정 걸었다.

홀연히
맞은편 산허리 아래
한 개도 아닌
쌍무지개가 활짝
잘 했다며
웃고 있었다.

선착장 오가는 길

―――

바다와 육지 오가는
정든 배 타러
선착장 가는 길엔
세월의 깊은 정도
한(恨)도 스며있다.

애환이 서려 있고
땀들도 배어났다.

하지만
보따리 상인들
총총걸음
행복을 날랐다.

어른도 어린아이들
따라나선 반려견들
갈매기도

오늘 이날이 좋은지
춤추는 마음!

봄 꽃 길에서

추위에 닫힌 마음
환하게 열어 주는
봄꽃들
그저 고마워

자연스레
고개 숙여지는 계절
"참 감사해요."

우리는 뭐하나
답례로
드릴 게 없는데

"그저 고마워요."

가던 길 멈춤

―――

막힌 가슴
열고 싶어
길 나섰다

훤하게 뚫린 산과 들
넓은 창공
가던 길
멈춘다.

걷고 있는
초라한 존재지만
보람된 나

가슴 가득
감동 받은 기억
넘쳐난다.

오던 인생길

걷고 또 걸으며
비슷한 경치
바라보다
무료해질 때

멈춰 서서
오던 길 되돌아보며

"지금 내가
제대로 걸어가고 있나!"

반문하는 자아
미소 짓는 별빛

밤은 서서히 깊어가네

일장춘몽

―――

세상 나올 땐
고사리손 말아 쥐고

살아생전
물욕 명예욕
헛된 권세 추구하다
하늘로 돌아갈 때
빈손으로 간다지요.

한여름 밤 꿈
우리네 짧은 일생

우정도
베풂도 덕도 쌓고
많이 웃다 보면
웃음이라도 남을 테니
좋겠지요.

오솔길 3

깨끗이 포장한
신작로
어쩌면 더
좋을 듯도 하지만

오랜 친구처럼
정든 오솔길
포근한 숲속 그 길
마냥 걷고 싶어요.

오늘따라
친구가 보고 싶다.

꿈길

꿈에도 길 있을까?
큰길, 좁은 길
골목길, 찻길
길 위를 뛰어다니다
땀이 난다!

아는 듯
가보지 않은 길
그래서
더 궁금한 꿈길!

잠

―――

일이 잘 풀리지 않아
근심거리 가득한 밤
뒤척거리며
좀체 잠 못 이루는
밤

아
잠이 잘 오면
얼마나 좋을까!

스르륵
잠 찾아온다는 길가에 나가
잠 오기를 기다린다.

여행길

―――

길고 긴 직장생활 끝에
나를 위해
용기를 내었습니다.

해외여행
얘기하다
유럽과 아시아가 공존하는
터키로
예약하고 떠났습니다.

7박 9일 내내
가슴 뻥 뚫린 여행
돌아와서도
그 기분에
잘살고 있습니다.

숨길

―――

들숨
깊이 깊게
새 원기(元氣)
내면 가득
풍요를 품다

날숨
가벼이 가볍게
고향으로 떠난다.

산책로

———

여유 있는 사람들
평화롭게 걷는다.

건강을 위해
걷고 있는 사람들
반려견과 도란도란
웃으며 걷는다.

가끔은
굵은 땀 흘리며
걷은 사람들
지나치는
다양한 사람들

웃음 찬
산책로

해와 달과 걷는 길

―

길 걷다 보면
해도 달도
좋아라, 따라오고

기분 좋은 일들
그림자처럼 따라옵니다.

환한 해처럼
단아한 달처럼
미소 지으며
살고 있어요.

새 아침 길

가끔은 일찍 일어나기 귀찮고
게으름 피우고 싶지

떨치고 일어나
시원한 물로 머리 감고
샤워를 해보자.

그러면 왠지
상쾌한 아침 길이 될 것 같다.

어디든 좋다
그다음
무조건 나서자!
일터든, 도서관이든
내가 주인공
나를 위해 펼쳐 둔 길을 찾자!

작은 시인의 옹달샘

가슴에
옹달샘 하나 있으면 좋겠다.

매일
그리움
한 바가지 떠서
내 영혼에도 주고
이웃 소나무에도
나눠주고

목마르면
떠서도 마시고
여행객의 갈증도
목 축여주고 싶다.

가슴에
그 옹달샘
담아 두고 싶다.

어린 손주에게

───

네가 울면
할아버지 할머니
마음도 어둡단다.

네가 웃으면
얼음장 같은 마음도
녹는단다.

그러니 환하게
많이 웃어 주렴!

그렇게 부탁하고
웃는 모습

정든 직장 뒤로하니

―――

이른 새벽마다
동녘 하늘 별 보며
출근했던 40년!

정겨운 직장
떠나오고
그리워도 만나기 어려운
직장 동료들

세상 많이 변해서
보다
내가 더 변해서겠지!

산길

―――

아침마다 움트는 새싹
소나무 열매
일 년 내내
가슴 가득 담기는 기운

오랜 세월
쌓아온
수많은 발자국
나도
하루하루 더 해 가는
역사의 길

은퇴

긴 세월
직장에서 일하다
나이 제한으로
밀려났다.

몇 달은
그럭저럭
여기저기 여행하고
휴식으로 버틴다지만
남은 긴 세월
어찌할거나

그래서
가슴을 열었다.

감사와 열정
나눔과 사랑

저축해 둔
마음을 꺼내기 위해!

일터 그리움의 길

멀지 않은
기억을 더듬는다

동료들과
힘은 들었어도
함께 어려움을 이겨냈던 일

문자에
평화와 화목이 접목한
살아 있는 삶

은퇴 후
원목 책상 앞에서
그 날들 그리움이
아련한 추억으로 밀려온다.

그래

이제부터 시작이다!

무지개 길

―

길을 걸으며
나를 괴롭히는 잔상
조용히 바라본다.

홀로 느끼며
때로 그들과 친해지고
그러다
서서히 길 밖 떠나보낸다.
우주 밖이다!

나는 따뜻한 존재
잠시 행복의 물결이
길 위 무지개로 뜨겠지

행복한 바보

―――

제가 인생을

길을 잘못 선택하여
돌아 돌아오며

가슴에 상처도
눈물과 고뇌가 있었습니다.

하지만
그 가운데
나누는 기쁨
작은 행복도 있어
그저 감사하지요

감사하지요!

자전거 길마다

자전거 도로
한강변을 수놓았다
달리는 자유
참 좋다.

아지랑이 피어오르고
수많은 사람들의 웃음소리
야외서 노는 즐거움
즐거움

삶을 재충전!

늘어나는 근육만큼
행복 길 길어진다.
두툼해진다.

끝이 있는 길

―――

우주에는 길
무한대겠지만

이 세상 무대엔
길마다 끝이 있다

매 순간
행복 가꾸며
즐겁게 살아야겠다.

그 길
다시 시작되게
내 가슴에서
시작하게 하고

미리내로
이어지는 끝 있는 길

4장. 영성

겸허 · 선행은 아름다운 길

구원 길

―

"나는
 길이요 진리요
 생명이라"

예수님께서도
가장 먼저 언급하신
'길'

바르고
선행하는
그 길을
걸어가고 싶다.

기도의 자리

무릎 꿇고 앉아
기도로 빕니다

"저의 수많은 죄
 사하여 주시고
 작은 소망 이루어
 주십시오."

더하여

"작은 희생이지만
 이웃의 행복 채우는
 삶이 되게 하소서."

이스라엘 광야의 길

———

그 옛날 어둠을 뚫고
메마른 땅에 도착한
민족이 있었지

그 민족
갖은 고초
강물 같은 땀방울로
먼저 길 내고
옥토 만들었지

자유 번영
시초가 되었지

왔다가 홀로 가는 길

―

거룩히
존재하시는 주

이 땅 부모 통해
삶을 주시어

아름나라로
왔네요!

홀로
길 따라 걸으며
기쁘고 슬픈 일
많이 거친 후

왔던 길에서
되돌아가는 길
누구나 가야 한다
홀로!

감사

아침에 일어나
감사기도 드리는 일
가끔 게으르고
허둥대다 잊기도 하지요

일이나 하루 시작하기 전
우리 감사 기도드려요

이 소중한 하루를
제가 운영할 수 있게 해주심을

숨을 쉴 수 있고
더불어 사는 동네
드높은 산과 넓은 하늘
바라볼 수 있음을

고마운 사람들

마음을 느끼고
노래를 들을 수 있음을

모든 삶이
감사의 길
그 위에
나도 있습니다.

무한 감사 길

―――

날마다
새 아침 맞이하게 해주시니
감사

힘겨워도
미소 짓고
맛있는 음식
먹을 수 있어서
감사

음악을 듣고
친절 베풀다가
친구를 만날 수 있어서
감사

이렇게 할 수 있게
내 안에 여유로운

행복 주셔서

무한히 감사

바람의 기도

―

힘겨워도
감사로 살게 하소서
자유로운 행복 누리게 하소서
평화 속에서 일하게 하소서
은혜 속 남 도우며 살게 하소서
조건 없는 사랑과
청아한 우정 갖게 하소서
천천히 먹고 운동하며
시원하게
강건하게
즐겁게 살게 해 주소서

홀로 걷는 길

———

여럿이
혹은 둘이 걷는 길
외롭진 않지만

자신만의 사유
진정으로 하는 길은
홀로 걷는 길

내면 바라보며
거친 생각, 말, 행동
잘못들 뉘우치네

유혹 이겨내고
새롭게 태어나는
나의 길
홀로 걷는 길

평탄한 길

―

누구나
평탄한 길 가고 싶어 한다

그 길을 가는 사람들
욕망 채우는 길
선택하려 한다.

욕망은 한 점
뜬구름
가슴에서
구름을 지운다.

존중의 길

―――

이 세상 사람들
보이지 않는 신에게
재물 바치듯

보이는 곳에 있는 이
어려운 이웃에게도
나누며 살았으면

서로 존중하고
함께 걸었으면

속죄의 길

―

골방에
무릎 꿇고

생각과 말
행동으로
무수한 잘못 저질렀음에
후회한다!!

거듭나는 길

―

主님!
절대자시여
참되게 회개하고
통렬히 뉘우치니
새 자아로
거듭나게 하소서

날마다
새로운 삶
거듭나게 해 주소서

길 ∞

―――

사람 사이
따뜻한 눈길

힘든 시대지만
사랑이 오고 가는 손길

눈물겹도록
어려운 이웃에
손 내미는 나눔의 길

이 세상에서
가장 아름다운
채움의 길

작은 채움의 길

―

골방
기도드리는 새벽

순수 열정으로
나를 내려놓고
고통 나누려고
생각 속을 나선다

멍울진 고독
어루만진다
채워지는 기운
새벽이 담긴다.

가야 할 길

훗날
내가

먼 길
떠날 때
미소 지으며 갈 수 있도록
진실로
선함 쌓으며
살다 가게 해 주소서

가지마 낭떠러지

―――

거친 일상
살다 보면
힘들 수 있어
절망하고
싶을 때도 있고

하지만
포기하지 마
자기는 소중한 존재

가지마!
낭떠러지로

그럴 때는
나처럼
한껏 웃어봐

호수 공원길에서 ⇒

호수에
생명들 살고 있는 것처럼

세월도
유유히 흘러가면 좋겠습니다

갈대에 이는 바람결처럼
청춘은 빨리 지나가고
이제 가을에서 겨울로

떠나가는 흔적들
가장 슬프게 잊혀진
존재라고 말했지요

아, 잊혀진 것 보다
더 아픈 건
외로움 때문일까요?

호수공원 따라 걷는 길
깊고 푸른 하늘 아래
영원한 것은 없지요

일상을 내려놓고
빛 공간 따라 걷지요.

아쉬운 인생길

초겨울이
어지럽게 반복된다

다시
다가올 봄

계절이 하늘이다
나뭇가지 새싹 돋듯

지나간 세월
되돌리고 있다.

뒤바뀐 속담길

―――

『배고픈 건 참을 수 있어도
 불공평한 건 못 참아!』

언제부터

『불공평은 참을 수 있어도
 배고픔은 못 참지』

어느새

『불공정 그런대로
 참을 만하지,
 공짜 없으면 못 참아』

나는 일상을 앞세워
어디로 가고 있는지

나의 길

———

생각 속으로
계속 걸어간다

일상을 내려놓고
내려놓은 나를 앞세워

조금씩
새로운 나를 찾아가는 길

오늘도
꽃봉오리 하나
내 앞에
나란히
꽃을 피우고 있다.

갈래길

『길 중에
 나아갈 길
 자알 선택해야 돼』

부모님과
선생님께
숱하게 들었던
충고

나는
어떤 선택을 했나
또
어디에 머물고 있나

늘 부족해서
지금도 가고 있는 길

나눔이란 길!

내가 가고 있는 길

리드가
길을 잘 못 안내하면

거칠고
눈물바다
가끔은
고통스런 길

그 길로 가지 않고
나를 본다
목적지로
잘 가고 있다.

잊혀지지 않는 길

―――

어느 시인 말처럼

"세상에서
 가장 슬픈 일은
 잊혀진다는 것."

세월에 묻혀
잊혀진다는 것은
슬픈 일

잊혀지지 않게
서로 채워가요!

까막눈 길

———

빛이 있어도
볼 수 없고

오래 가까이
있어도 모르는
마음들

미생의
까막눈

회상의 길 몇 리일까

―――

동생과 친구들
동구 밖 뛰어놀고
들판 가로질러
강 건너
산 너머

회상의 걸음
재촉하는
말 없는 봉우리여!
내려다보면
까마득하여라

얼마나 먼 길일까
생각하다
무릎을 친다

삼천리
전설 따라 삼천리……

치유의 길

―

대륙으로부터 넘어온
코로나-19
우리 사회에
큰 변화 가져왔다

이만큼
머물렀으면
이제 떠나야 할 때

뜨거운 배려
따뜻한 나눔
모여모여
우주 밖으로
밀어냈으면

내 안의 길

―――

새 생명에 커가는
봄 길

푸르른 만큼 길어지는
여름 길

가슴 가득 담기는
가을 길

다시 봄을 준비하는
겨울 길

봄에서 겨울까지
희망처럼 길어 올리는

내 안의 길

보은의 길

―

태어나고
살아오면서
셀 수 없이 받아온
은혜!

받기만 한 게
미안하고
갚지 못하는 게
도리는 아닌 것!

우리 삶이
그렇듯
생각이라도 하고 지내다
기회가 되면
갚아야 하는 것

그 갚음이

작은 안부라도 전하는 게
갚아야 할 보은의 길을
이어지게 하는 것!

정겨운 길

길지 않은 기다림
발 동동
고개는 한 방향

마을 어귀
골목 돌아
버스 보이면
네 품 안 안긴 것처럼
반가운 마음

정겨움 묻어나는
그때 그 길

집에서 일터로
다시 배움터로
쉼 없이 오가며 걸어온

지금도 걷고 있는
가끔은
웃음도 지어 보는
정겨운 우리 길!

기차길

수억 번
평행선 위를
아픔을 견디며 달리는
바퀴

오랜 세월
멀리 있는
가족, 친지, 친구들
만나며 오가는 길

안전하게
넉넉하게
이어가는
아버지 같은 길!

그래서
행복한 길

끊임없이
앞으로 난 길.

먼 훗날

―

아스라이 멀어져 간 추억들
우리 일생 그렇게 흘러가지

가을 지나 초겨울
을씨년스럽더라도

마음에는 따뜻한 바람결

가슴에서
나눔으로 이어진 길
훗날까지
나눔으로 이어간 길

아름드리
채움으로 가야 할 길

꽃 수목들의 부러움

―

무더운 여름 햇살 받아
한껏 자태 뽐내는
꽃 무지개
푸르른 수목들

영롱한 아침
그들은
산책 온 사람들
반겨주며
부러워한다.

사람이여!
세상 곳곳 어디든
여행할 수 있으니
얼마나 좋으냐고.

숫자 · 기호의 길

―――

$0 \Leftrightarrow 1$

$\fallingdotseq 82.7$
$\fallingdotseq 3,000$
$\fallingdotseq 7,700,000,000 \uparrow$
$\fallingdotseq 0.00003896 \cdots\cdots \downarrow$
$\infty \quad \mu \quad \propto$

귀한 인연의 길
(「숫자 · 기호의 길」 화답)

―――

무에서 온 한 인생
기대 수명 내외 약 3천 명 인연 만나고
전 세계 인구수 77억 중
만날 확률 0.0001% 미만
무한대 우주 속 한 점 작은 존재

얼마나 귀한 인연
만났으니 서로 잊지 않고
연락하고 가끔 만나면
얼마나 좋을까?

소중한 관계 일평생
감사히
함께 기쁘게
걸어가고 싶은 인생길

치매 극복되길(吉)

―

누구에게나
찾아올 수 있는
불청객

갑자기 찾아온 먹구름

자아 잃은 나그네
가족과 함께 걷는 고생길

힘겨워도
가까이서
사랑으로 볼 수 있었으면

먹구름 걷어 줄
치료제 나와
극복되길!

푸름이 길

———

혼자 산책하다
작은 호수 옆 화원 들렀다.

주인아저씨가 골라준
작고 푸른 녹보수!

가끔 물은 주고
쓰다듬어 주다가
이름을 붙였다
'푸름이'

푸름이
아침 길 싱싱한 모습으로
좋은 길 내어준다.

까치들 항의

―――

세상이 노랗다고
숨이 탁탁 막힌다고
까치들 집단 항의한다.

"도대체 뭐 하는
 분들이세요?"

맑고 하늘
마음껏 날았는데

미세먼지, 황사, 부산물
물질문명 부산물
새들 항의
받아들이고
더불어 사는 그때
그 세상길 내었으면

바람맞은 날

―――

기다림 끝에
풍요가 온다고
행운도 올 거라고
믿었던 우리들

바람이 불었습니다

그토록 기다렸던 꿈
한결같이
이뤄지길 바랬던 바람!

꿈을 품고
기다리다 보면
그 꿈
이루어질 날 오지 않을까요?

그 바람

오늘도
바람으로 기다립니다.

22구공 연탄

―――

칼바람 부는 언덕
추운 겨울 동네 나기

얕보지 말자
스무두 개 구멍을 가져
공기와 따뜻하게
연애하는 너

간절함으로
안기고 싶다
겉은 검지만
타오르고 싶은
내 뜨거운 사랑!

비눗방울

짧은 연애하다
자신을 녹인 희생
기분 좋은 여운
만남에 화답하는
정 많은 거품들

색소폰 연주의 길

―――

어느 분 일러준

『일생을 살며
 행복하게 사는 비결
 네 가지』중

연주의 길이 그 하나
색소폰에
마음이 연주된다.

힘든 일상
벗어나게
치유되는 연주의 길

악보에 맞춰
연주의 길 걷고 있다

내가
치유되고 있다.

5장. 가족

은하계 안 작은 가족의 길

가족의 길

낮의 피로
한 지붕 아래
편히 뉘여
쉬일 수 있는
원초의 보금자리

환희,
때로 안타까운 눈물도
같이 흘리고
슬픔도 기쁨도

함께 받아들일
수 있는 구성진 여로

살아 있는 동안
아프고 고통받을 때
가장 가까이서

위로하고
위로받을 수 있는

가 족

다섯 마리 학

아비, 어미 학
어린 학 세 마리

푸른 창공 길
쉼 없이 날아오릅니다

높이 날고
멀리 가고 싶어
많은 걸 버렸다.

재물과 욕심
나누고 버리면
가벼워
더 높이 오르겠지

나누는
지금도 가볍다.

피는 눈물보다 진하다지만

―――

피는 눈물보다 진하다지만

피보다
진한
뜨거운 눈물이
뚝 –
대지를 적시는 건

삶의 고단함 가운데
미처 전하지 못한 마음

핏줄
먼 길을 관통하여

이제 이 마음 전하여지려나

효(孝)의 길

아스라이
멀어져간
반세기 그 안

누구나
어려움 겪지 않은 이 없지

어머니와 누이
광주리에 생선 이고
가판하던 시간
한 세월 뒤로 하였지

그 지난한 시절
편찮으셨던 부모
혼신의 힘, 밝은 사랑으로
받들었어라

홀로된 어머니
봉양하는
긴긴 세월 삶의 희망(希望)
열정으로 살아온
이 땅의 아름다운 효행!

맑은 하늘
차오르는
참사랑이여

어머니의 길

귀한 생명 탄생
많은 세월
여명에서 별 잘 때까지
얼마인지 셀 수 없었지

고통으로
빛 보게 하고도
자식 잘 되길
뒷바라지의 수고
하늘만 안다

곱던 얼굴이며
손등에 쌓인 훈장
애환 서린 꽃이
피었다

고갯길 어머니

―――

구불구불
아흔아홉 구비

꼬부랑
대관령 고갯길

벌써 이십여 년 전
일직선
아스팔트 길
되고 말았네

옛길 따라
내려가면
한걸음에
뛰어나와
반겨주던
분

이제
고갯길처럼
허리 굽으신

그 시절
그리워
눈물 훔치다.

어머니

―

무엇으로 표현할 수도

무엇으로 갚아 드릴 수 없는

안드로메다 성운만큼

커다란 은총의 화신(化身)!

조용히 불러봅니다

"어머니!"

가족 여행

―――

언젠가
우주로 떠나갈
별들의 여행

사는 동안
여행하는 건 축복이다

어둠 속의 별들
함께 모여
우리가 갈 길
예행연습 중

가족 한 길

───

여러 삶
짙은 안개 속
한 길 함께
가야 하는 여정

서로 전혀 다른
환경과 풍습
가치관 차이
극복하며 살아야 하지

오래 참음
배려
삶의 지혜 쌓으며
이루는 행복

어깨 나란히 하고
온갖 장애와 눈물배기 언덕 넘으며

희망이 정든 가슴에
오롯이 피어난다

부(父)의 길

―――

어깨 무거운 건
누구나 알지만

육신 또 속마음
얼마나 힘든지 모르며
일만 하지

아비로 살아보니
돌아가신 아버지
세상 아버지들

속으로 슬피 살았을까

살아보니
누구도 모를 고된 세월
주름만 굵게 늘었다

화평한 집 그리다

―――

얼마나 신나는 행복일까
너는 내
기거하는 집

너를 바라보면
따뜻하고
평온해져

네 아래서
두 발 뻗고 잠자고
평화 누리지
또 집중해 일할 수
있어 좋아

가족 모여 살면
따스한
꿈 계속 꾸니

참 좋다

넌 포근한 방석 같아

고향 즐거이 살다 가오

———

우리
삶의 시작은
고향에서

또 마지막은
다시
고향으로

괴로워 마오
슬픔 버무리고
욕심 버리고

즐거이
살다 가오
그냥 지금처럼
이렇게 살다 가오!

추천의 글

이영환의 시인의 시는 인생이다.
지금까지 살아온 삶을
정겨운 길 놓은 시로 풀어냈다.
시를 읽으면서 시인의 고향으로 달려가
부모님과 가족을 만났고 친구와 자연도 만났다.
또 직장을 방문하고
함께 근무했던 직원들도 만났다.
하지만 평소 베풀면서 생활해 온 시인의 일상처럼
어느 하나 진실 되지 않은 것이 없었다.
그 진실한 삶을 있는 그대로 풀어 놓고
다시 그 삶 속으로 걸어 들어가
독자가 주인공이 되게 하는 시!

그래서 좋았다.
있는 그대로 표현하고
그러면서 감동으로 승화시켜
읽는 맛을 느낄 수 있어서 좋았다.

— 커피시인 윤보영

길
ⓒ 이영환, 2020

2020년 12월 5일 **1판 1쇄 인쇄** | 2020년 12월 25일 **1판 1쇄 발행**
글 이영환 | **편집** 조기웅 | **디자인** 차여진
펴낸이 차여진 | **펴낸곳** 숨 | **등록번호** 제406-2015-000048호
문의 050-5505-0555 | **팩스** 050-5333-0555 | **홈페이지** www.soombook.com

ISBN 979-11-88511-05-1 03810

- 이 책은 숨이 저작권자와의 계약에 따라 발행한 것이므로 본사의 서면 허락 없이는 어떠한 형태나 수단으로도 이 책의 내용을 이용하지 못 합니다.
- 이 책의 정가는 뒤표지에 있습니다. 잘못된 책은 구입하신 곳에서 바꾸어 드립니다.